FERRET - 1970

ATLAS

DE GÉOGRAPHIE MODERNE.

CARTES MUETTES ET PARLANTES.

Cartes dont se compose cet Atlas :

1. Cosmographie et accidents géographiques, muets.
2. Les mêmes, parlants.
3. Mappemonde, muette.
4. La même, parlante.
5. Europe, muette.
6. La même, parlante.
7. Asie, muette.
8. La même, parlante.
9. Afrique, muette.
10. La même, parlante.
11. Amérique septentrionale, muette.
12. La même, parlante.
13. Amérique méridionale, muette.
14. La même, parlante.
15. Océanie, muette.
16. La même, parlante.
17. France physique par bassins, muette.
18. La même, parlante.
19. France par départements, muette.
20. La même, parlante.

Le même Atlas a été publié sans les cartes muettes.

Ces Atlas sont destinés à servir d'application aux ouvrages suivants :

La Géographie mise à la portée des enfants, avec questionnaires, par M. G. BELEZE : troisième édition ; *ouvrage adopté par le Conseil royal de l'Instruction publique* ; 1 vol. in-18, de 350 pages.

Abrégé de la Géographie, avec questionnaires, par le même ; 1 vol. in-18.

ATLAS
ÉLÉMENTAIRE
DE GÉOGRAPHIE MODERNE,

Par G. BELEZE,

Élève de l'ancienne École normale,
Chef d'Institution à Paris.

PARIS.
IMPRIMERIE ET LIBRAIRIE CLASSIQUES
De JULES DELALAIN,
Fils et Successeur d'Auguste Delalain,
Rue des Mathurins Saint-Jacques, n° 5, près la Sorbonne.

1844.

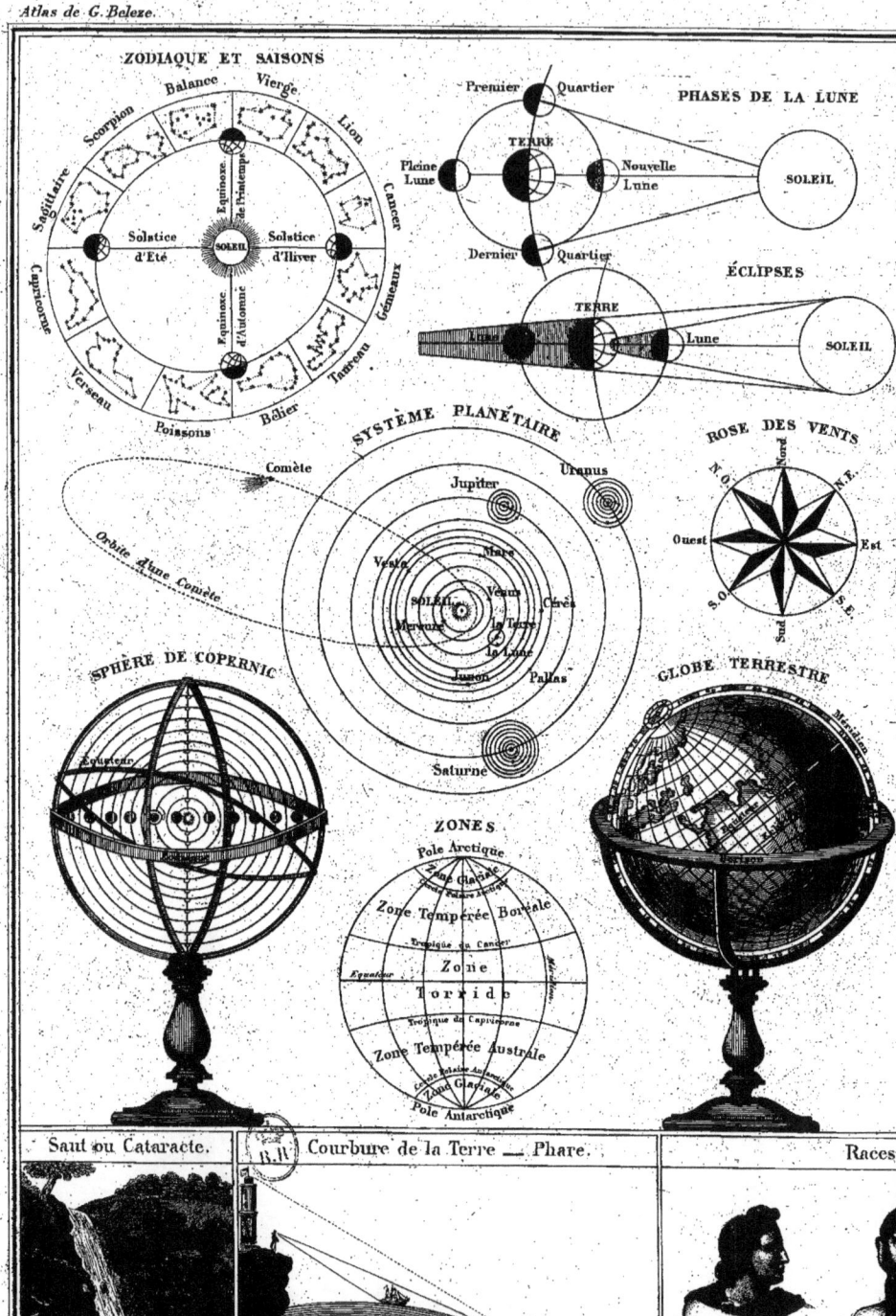

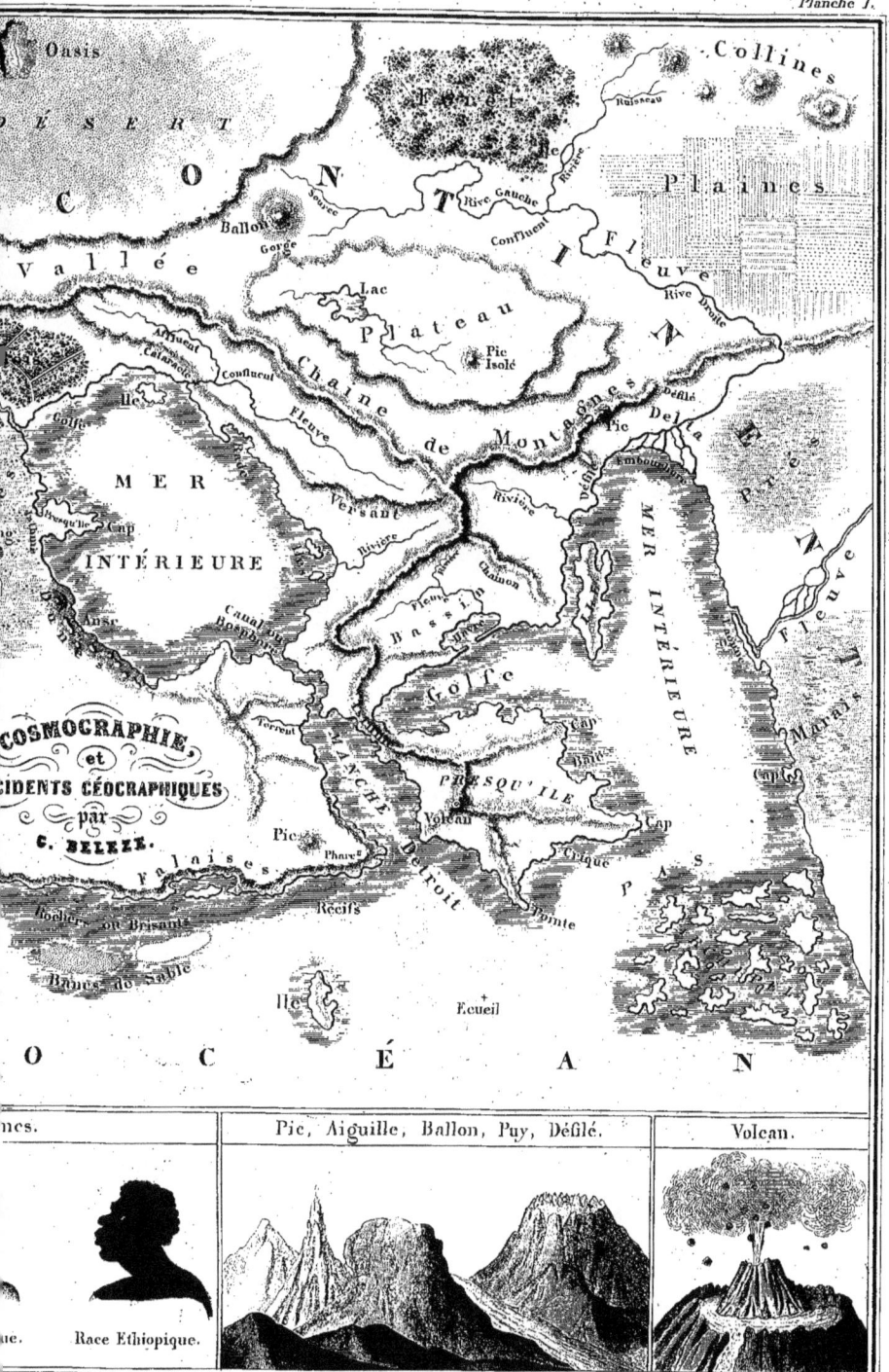

Planche I.

COSMOGRAPHIE et ACCIDENTS GÉOGRAPHIQUES par G. BELÈZE.

Race Ethiopique. — Pic, Aiguille, Ballon, Puy, Défilé. — Volcan.

P. Bineteau del.

Atlas de G. Belèze.

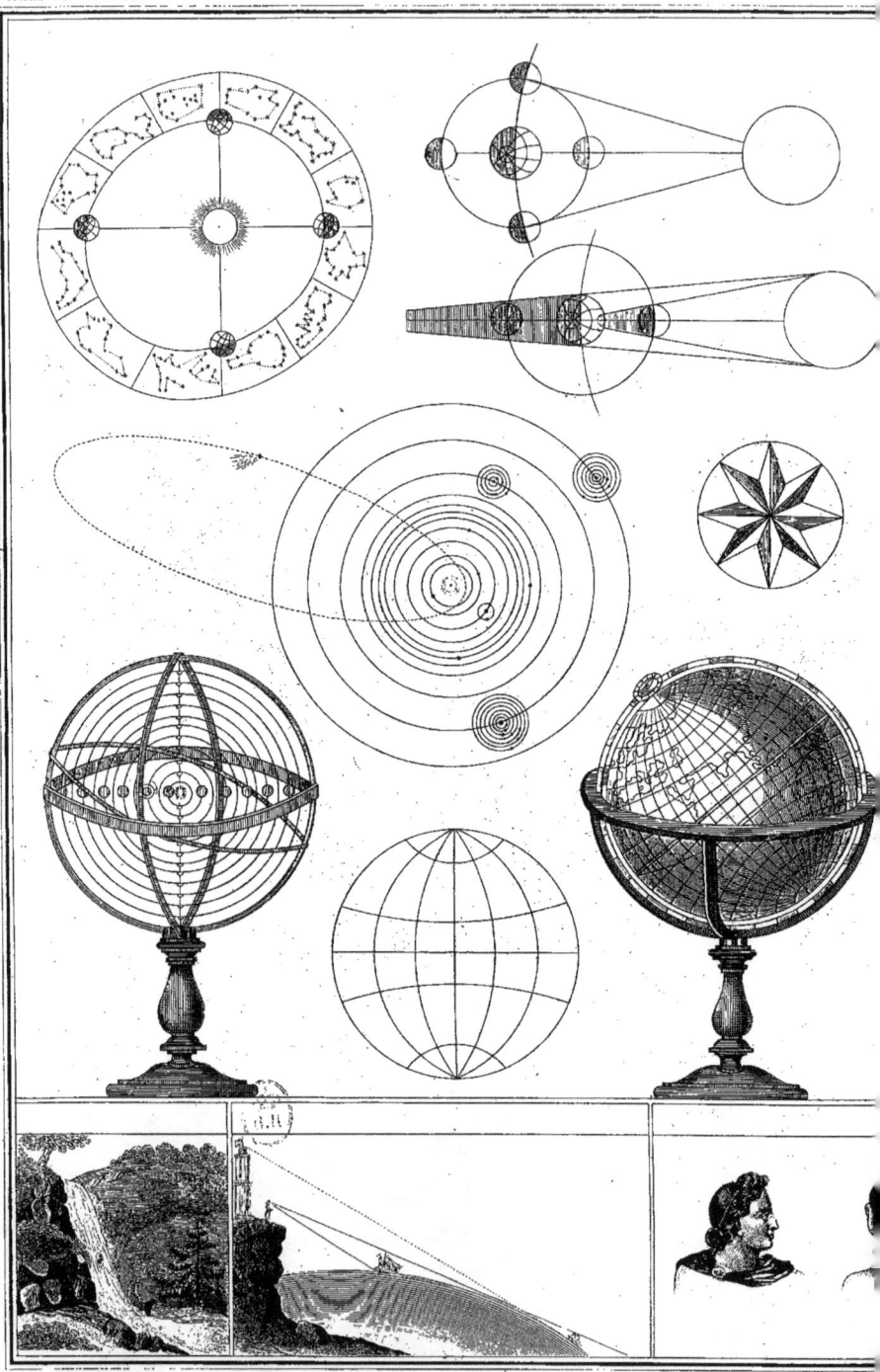

Blanchard sculp. & scrip.

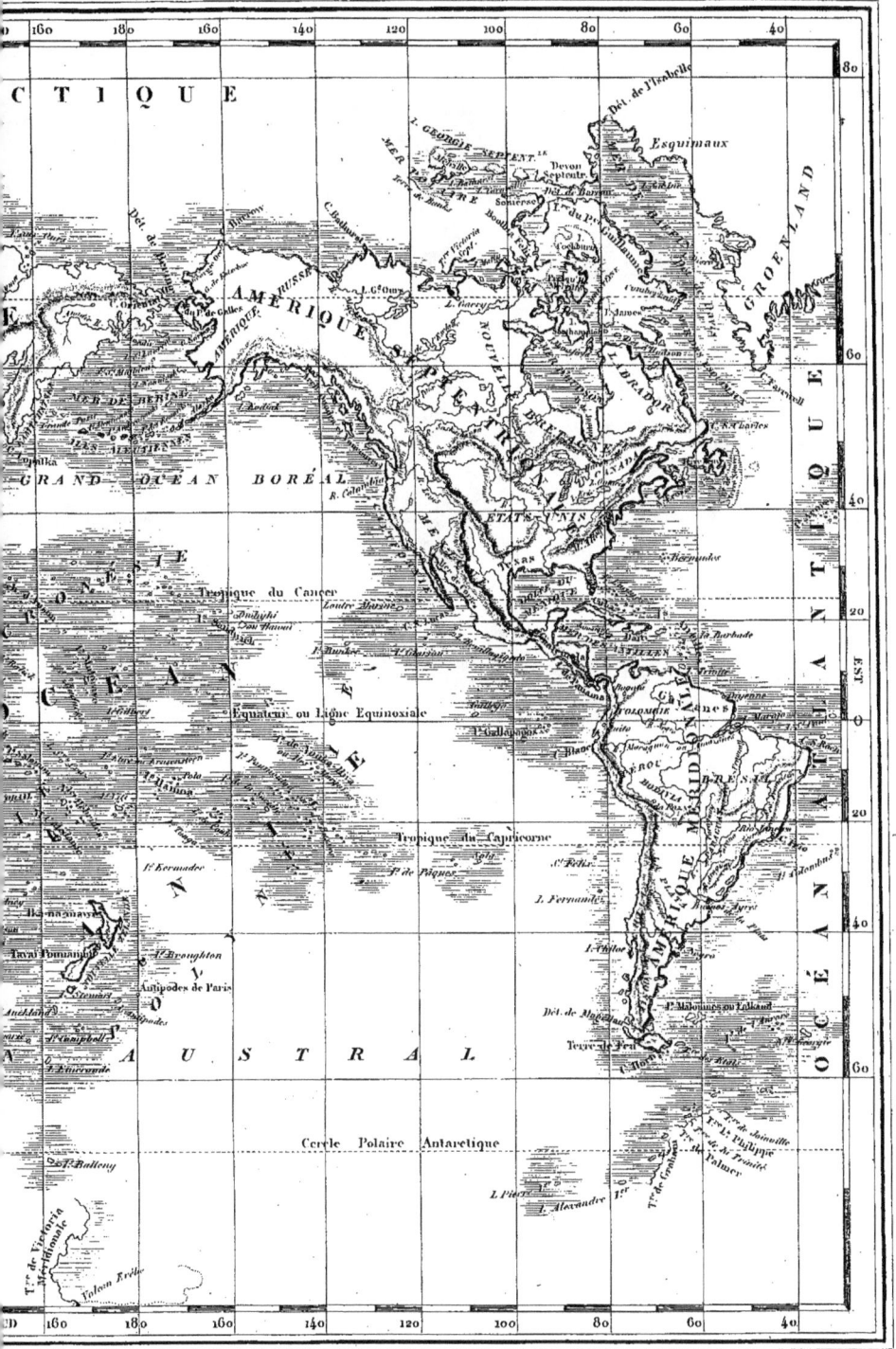

Planche II.

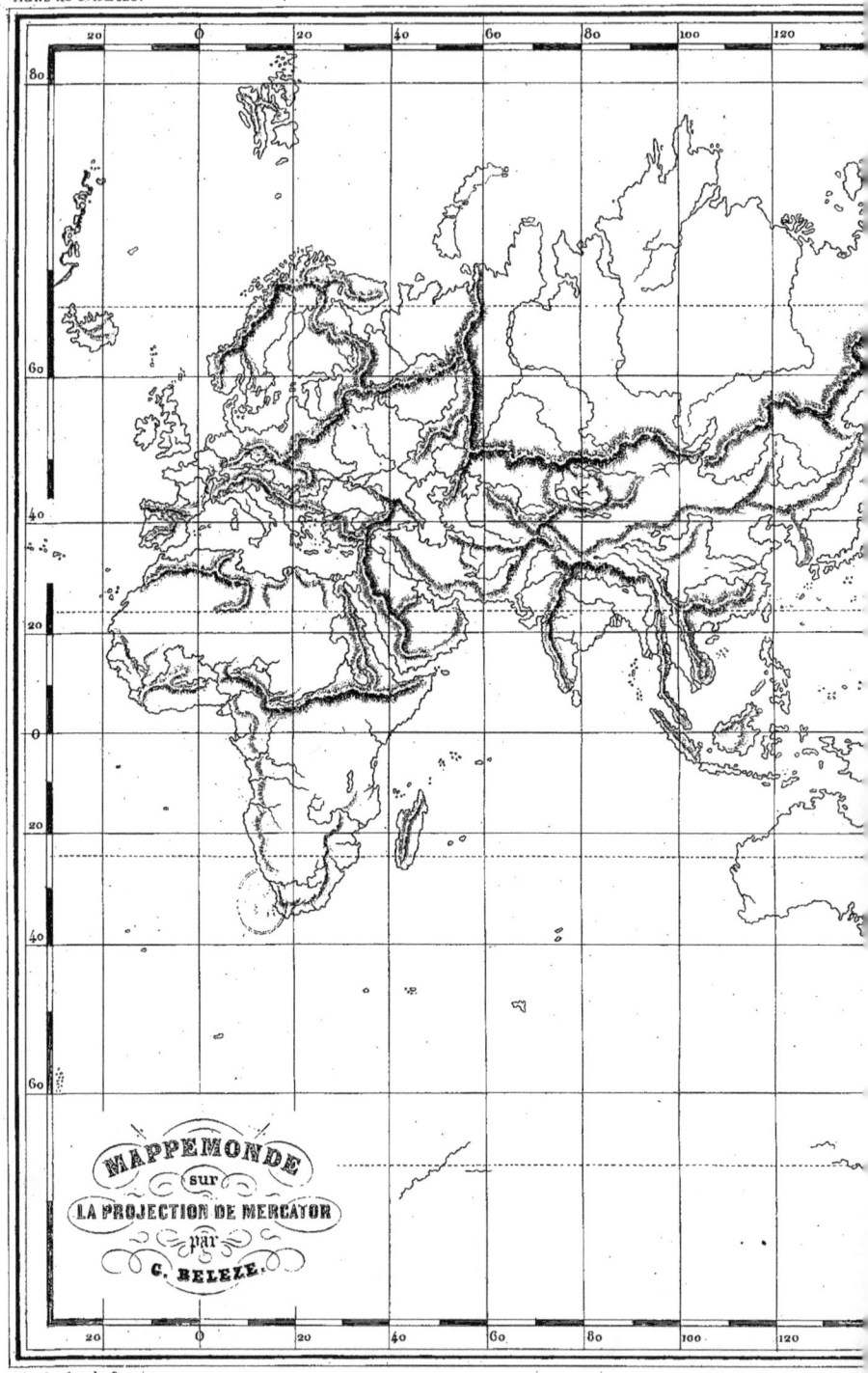

Planche II.

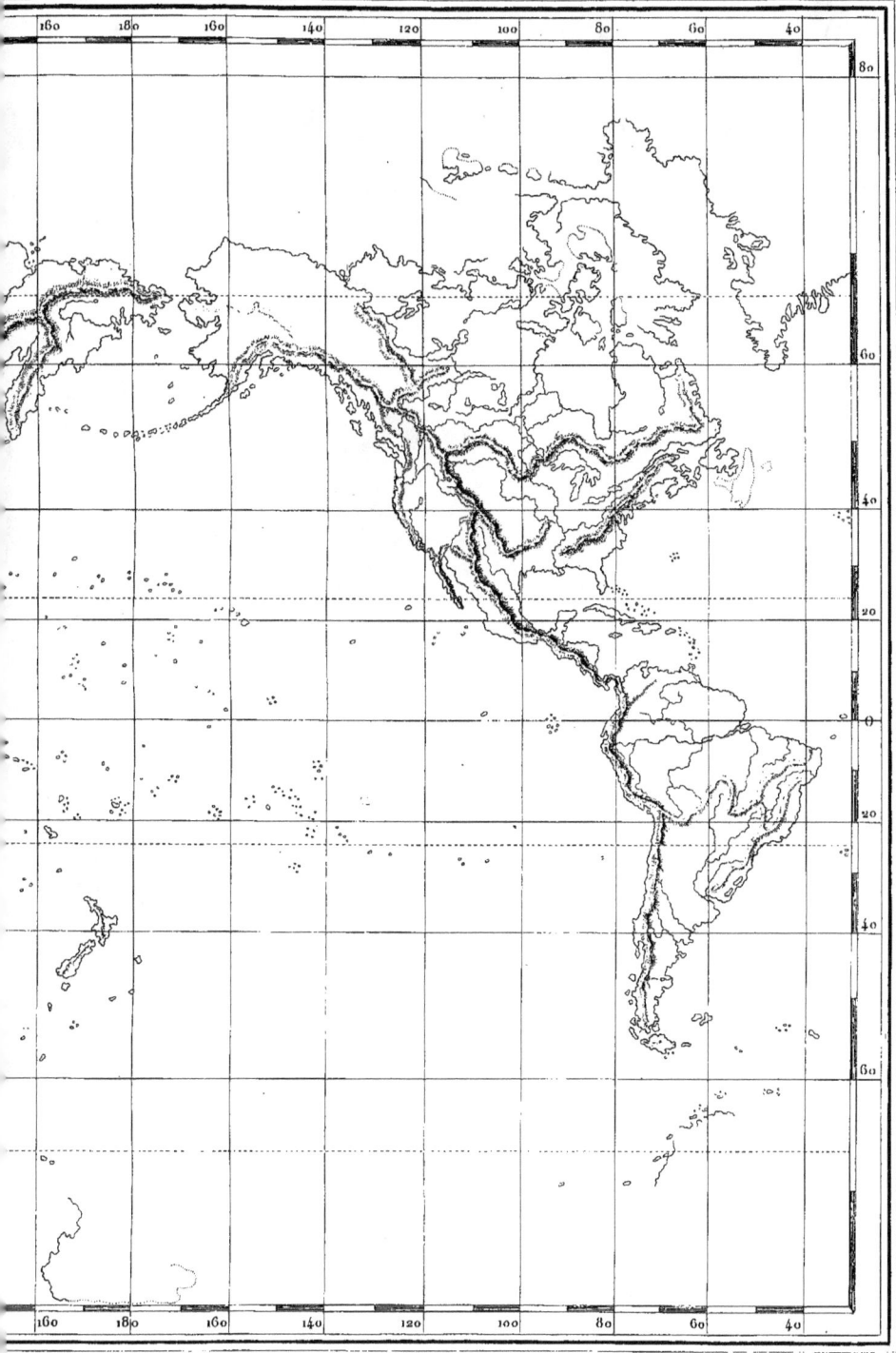

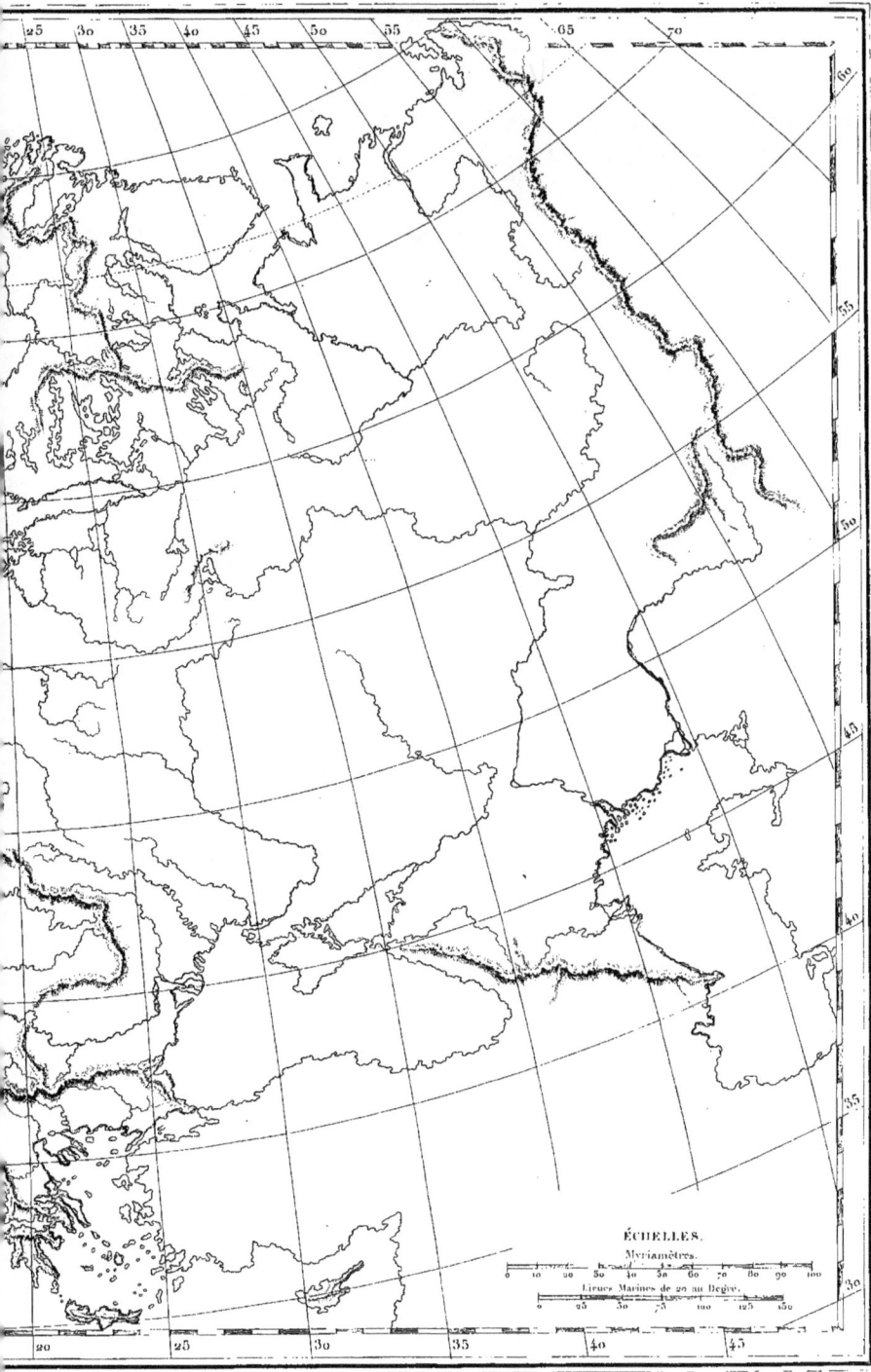

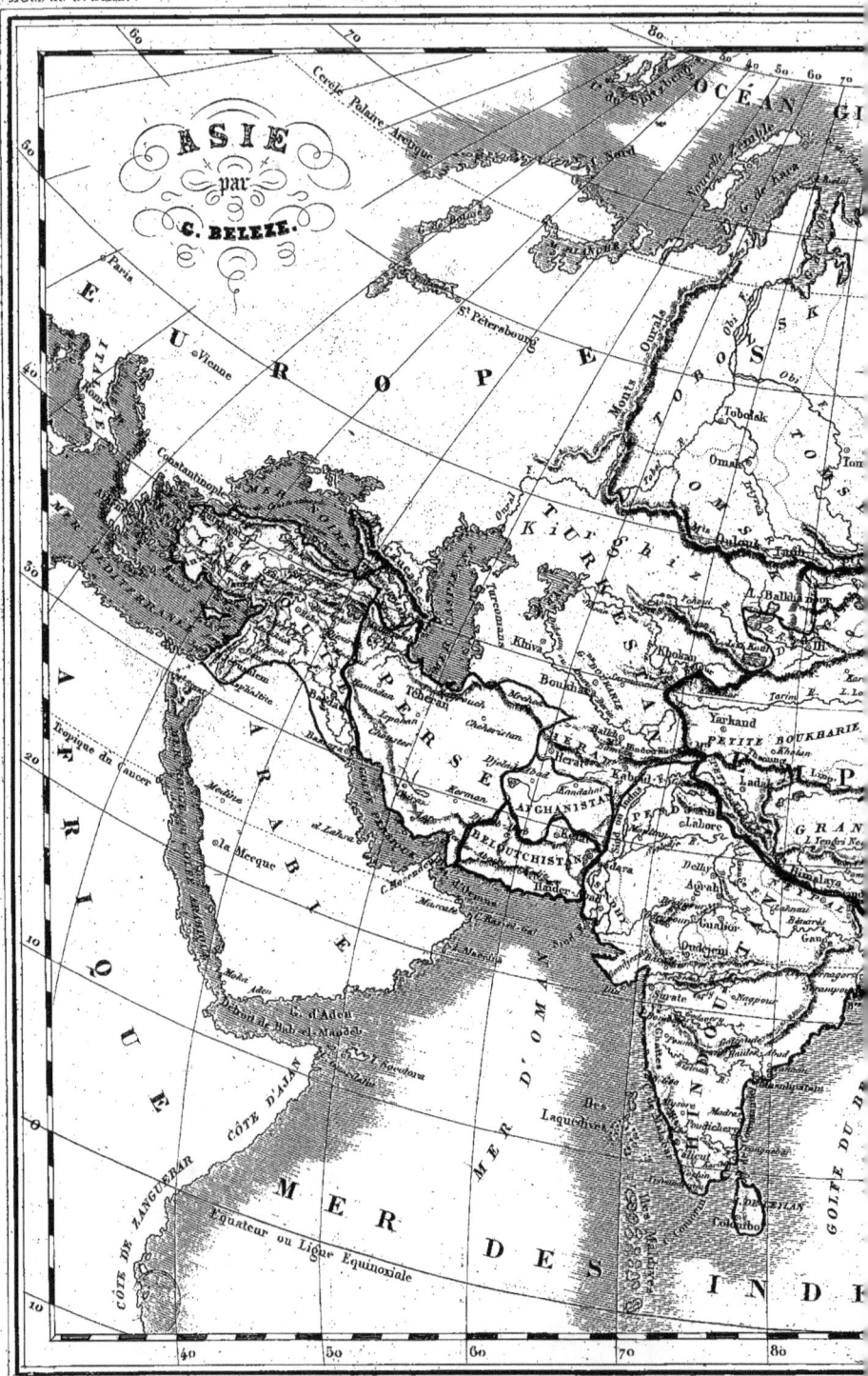

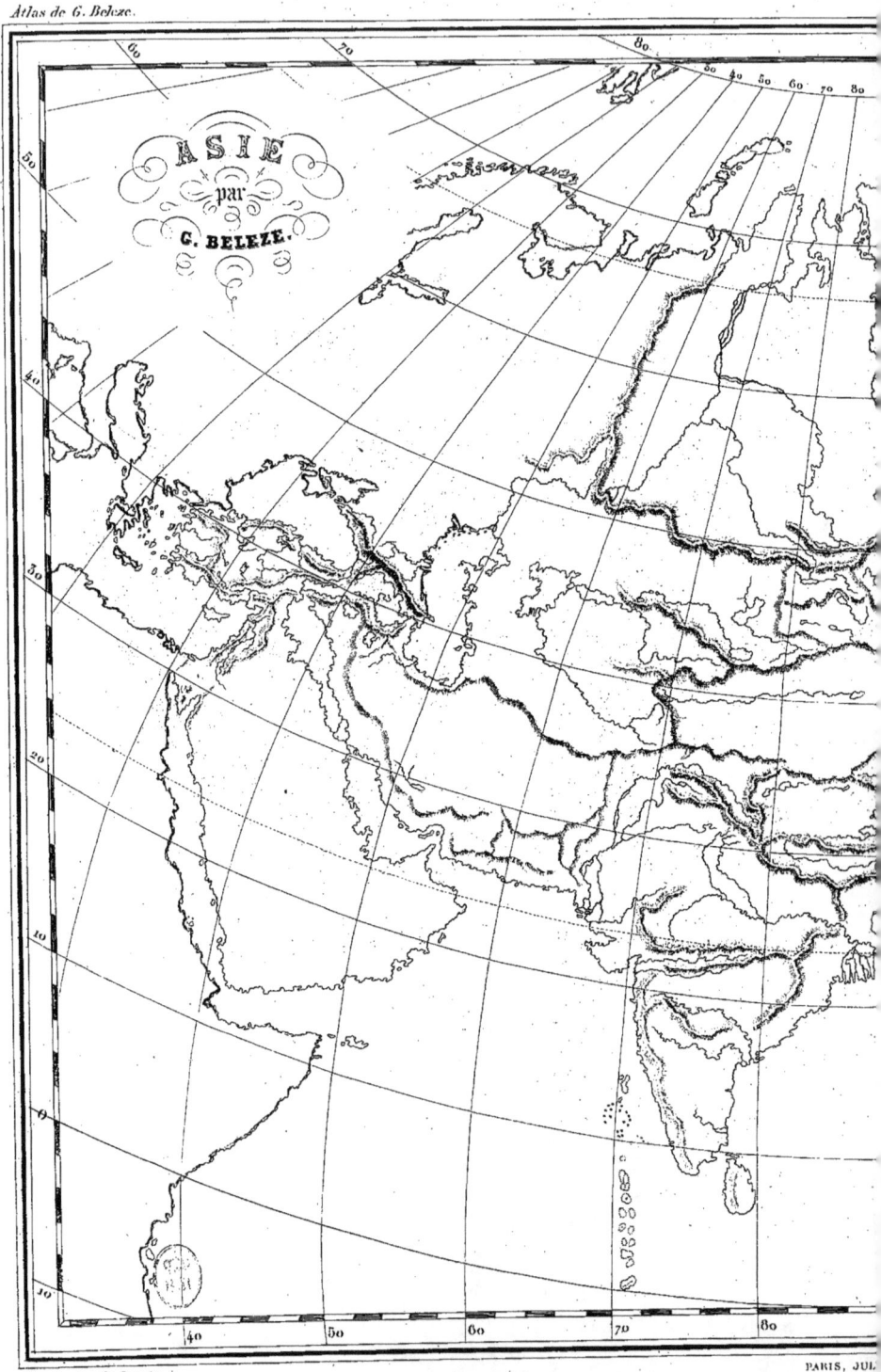

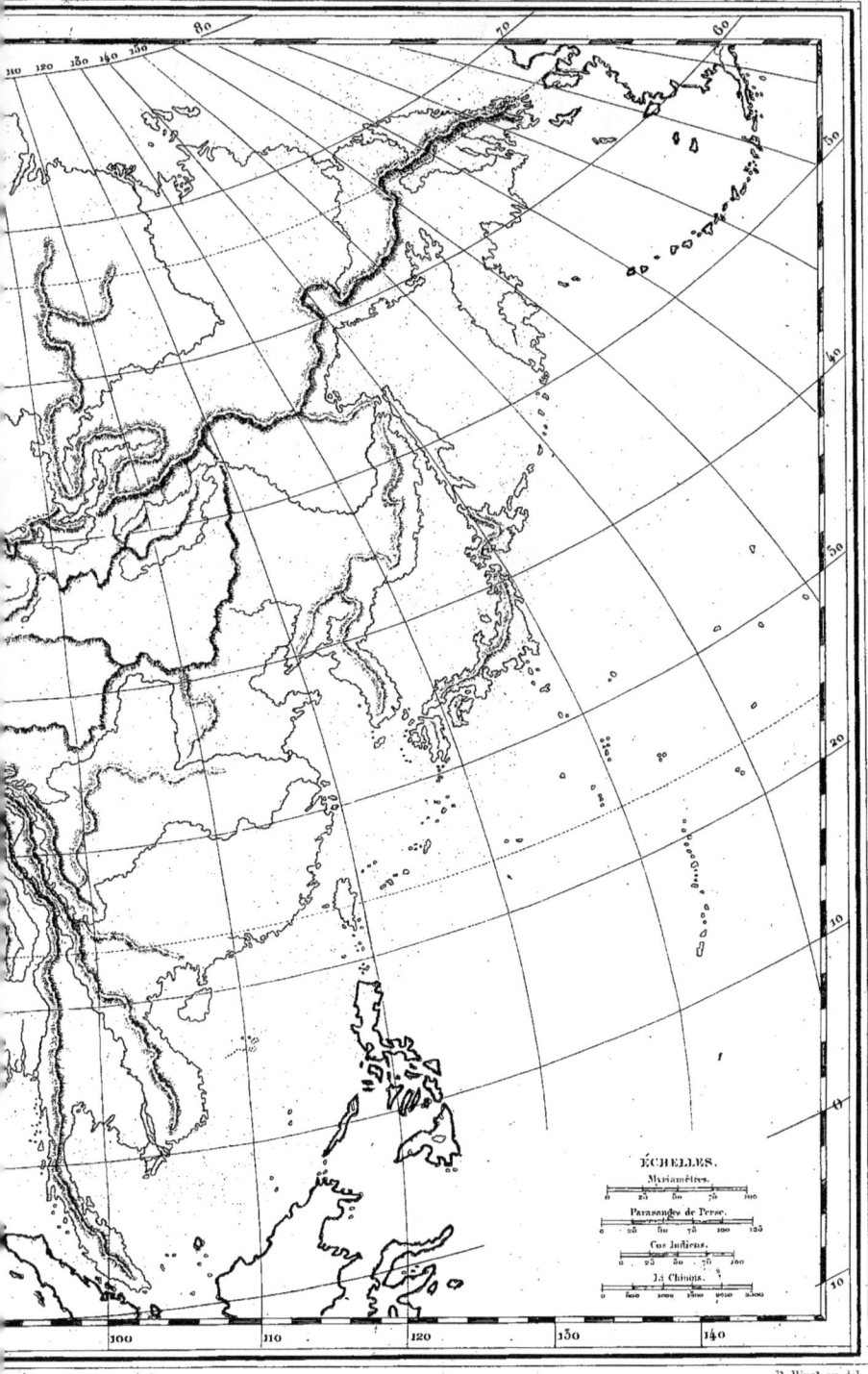

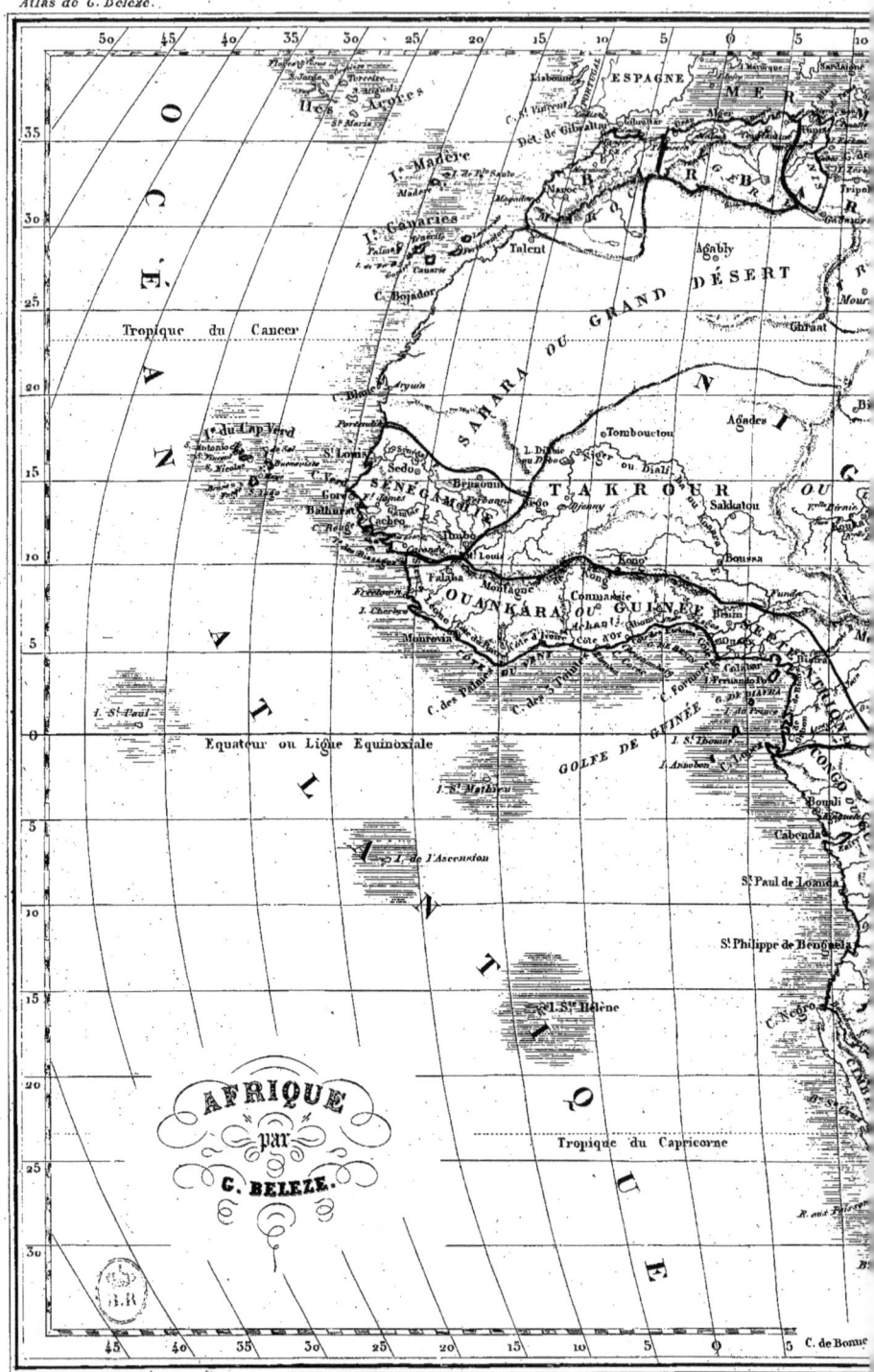

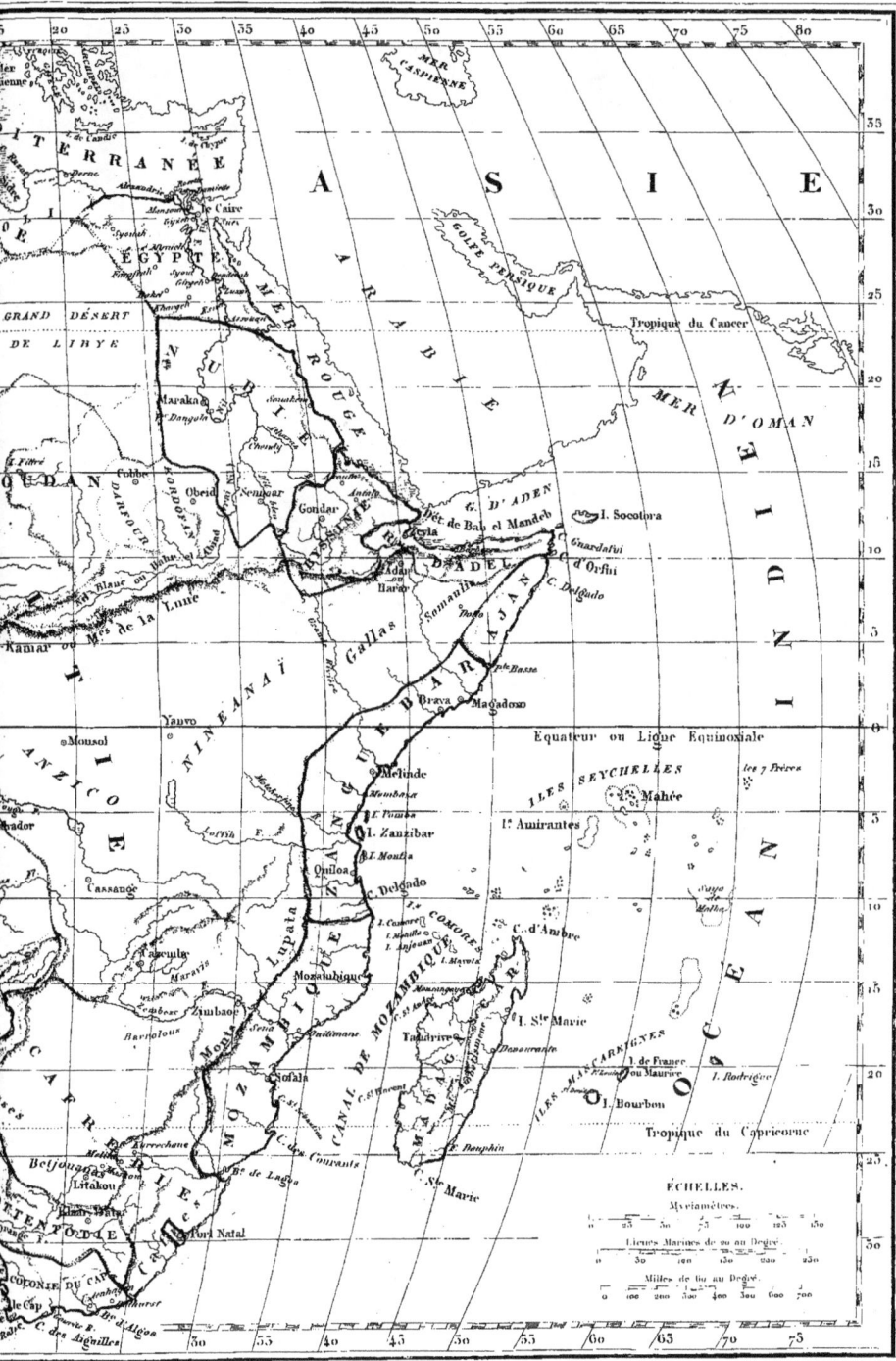

Atlas de G. Beleze.

AFRIQUE
par
G. BELEZE.

Blanchard sculp. & scrip.   PARIS.

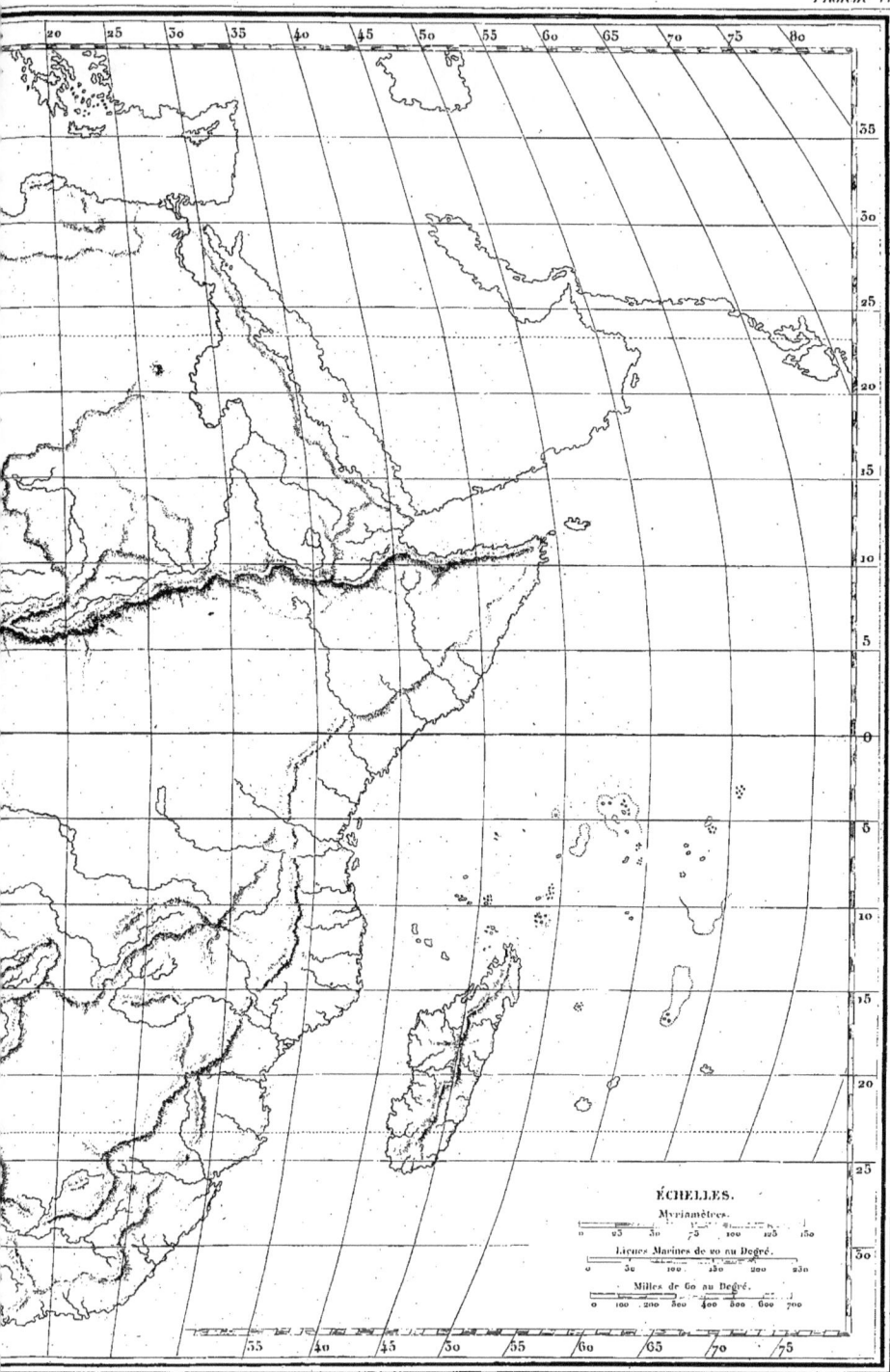

Planche VI.

Pôle Nord ou Arctique.

Atlas de G. Belèze.

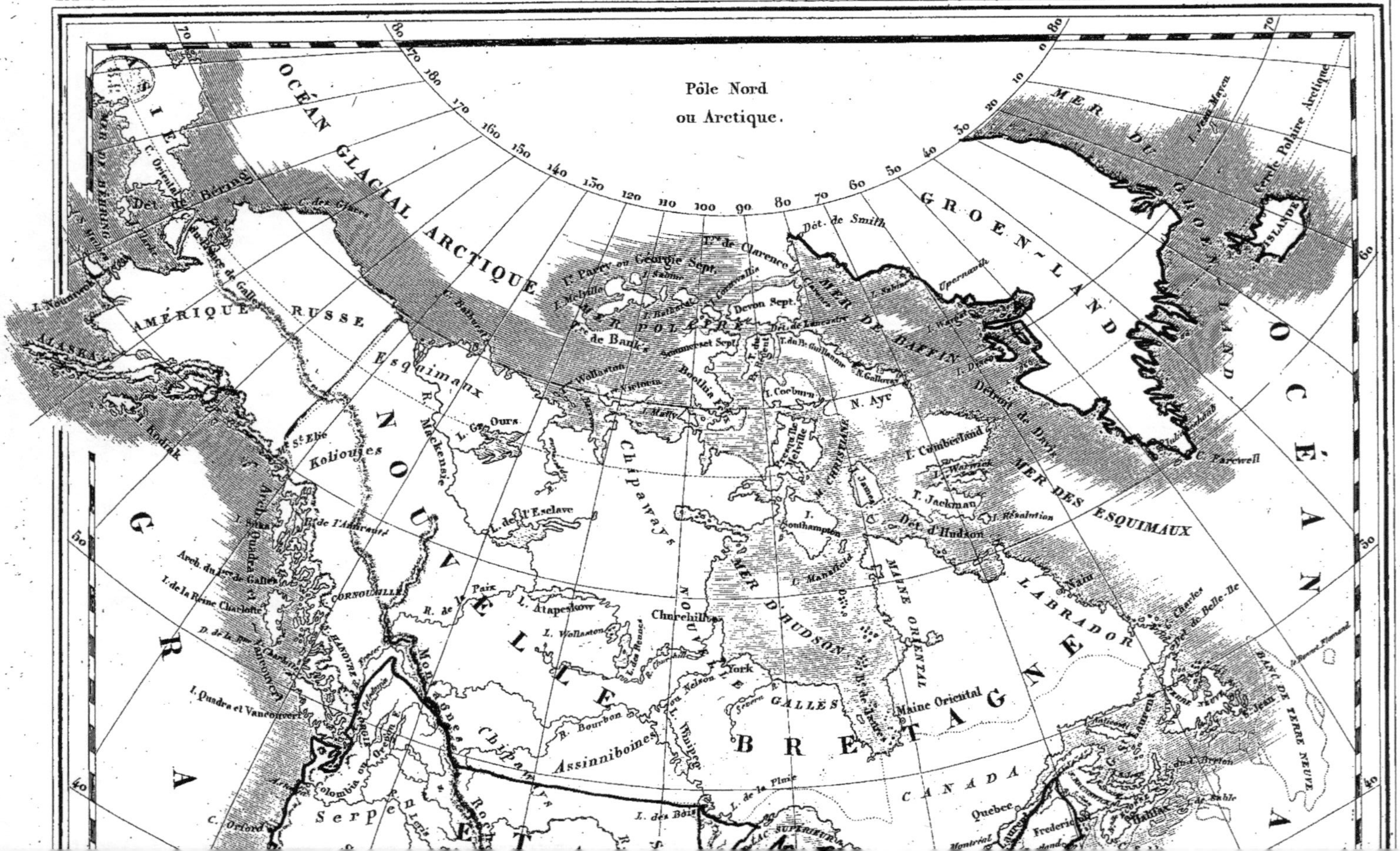

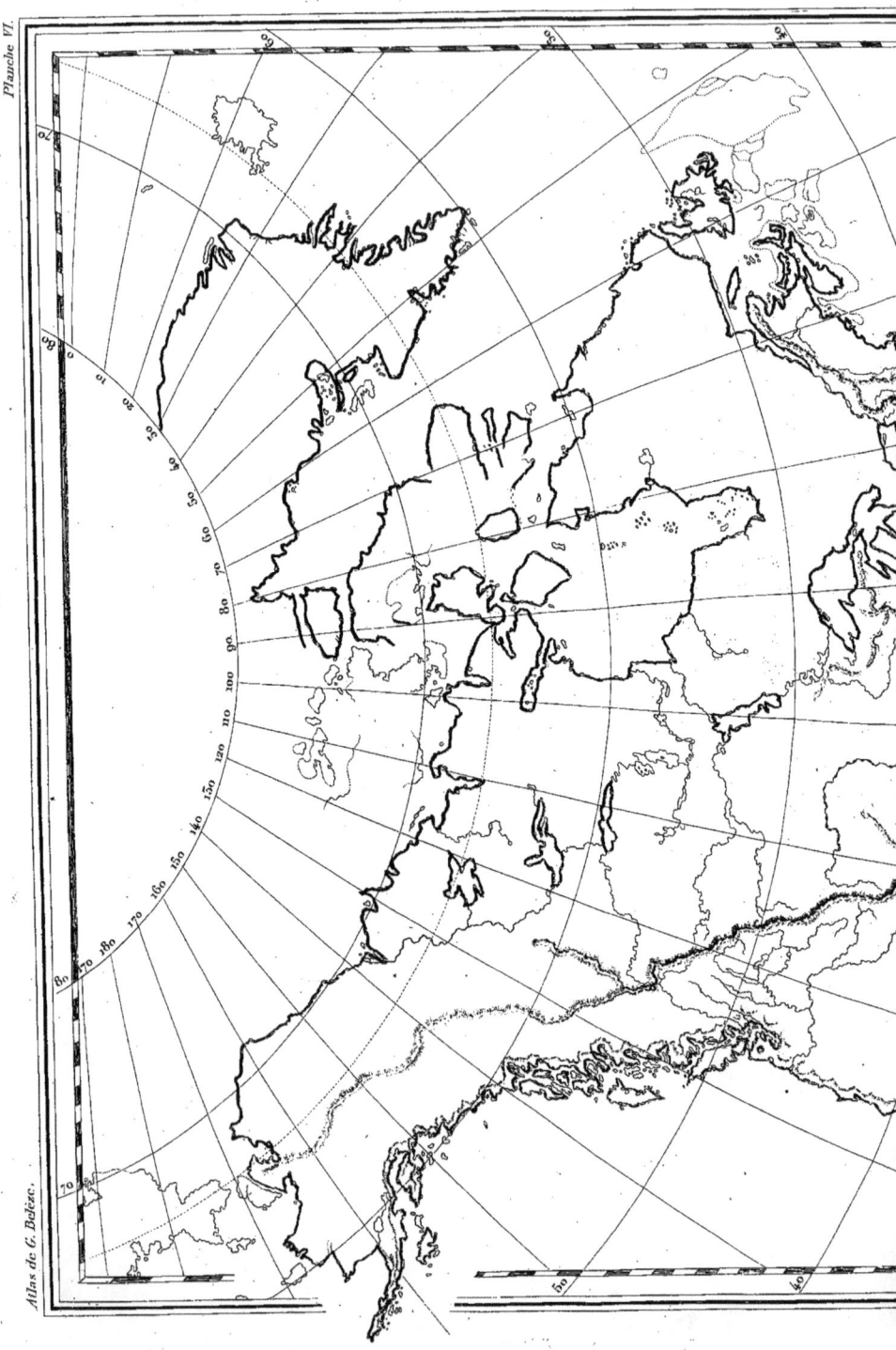

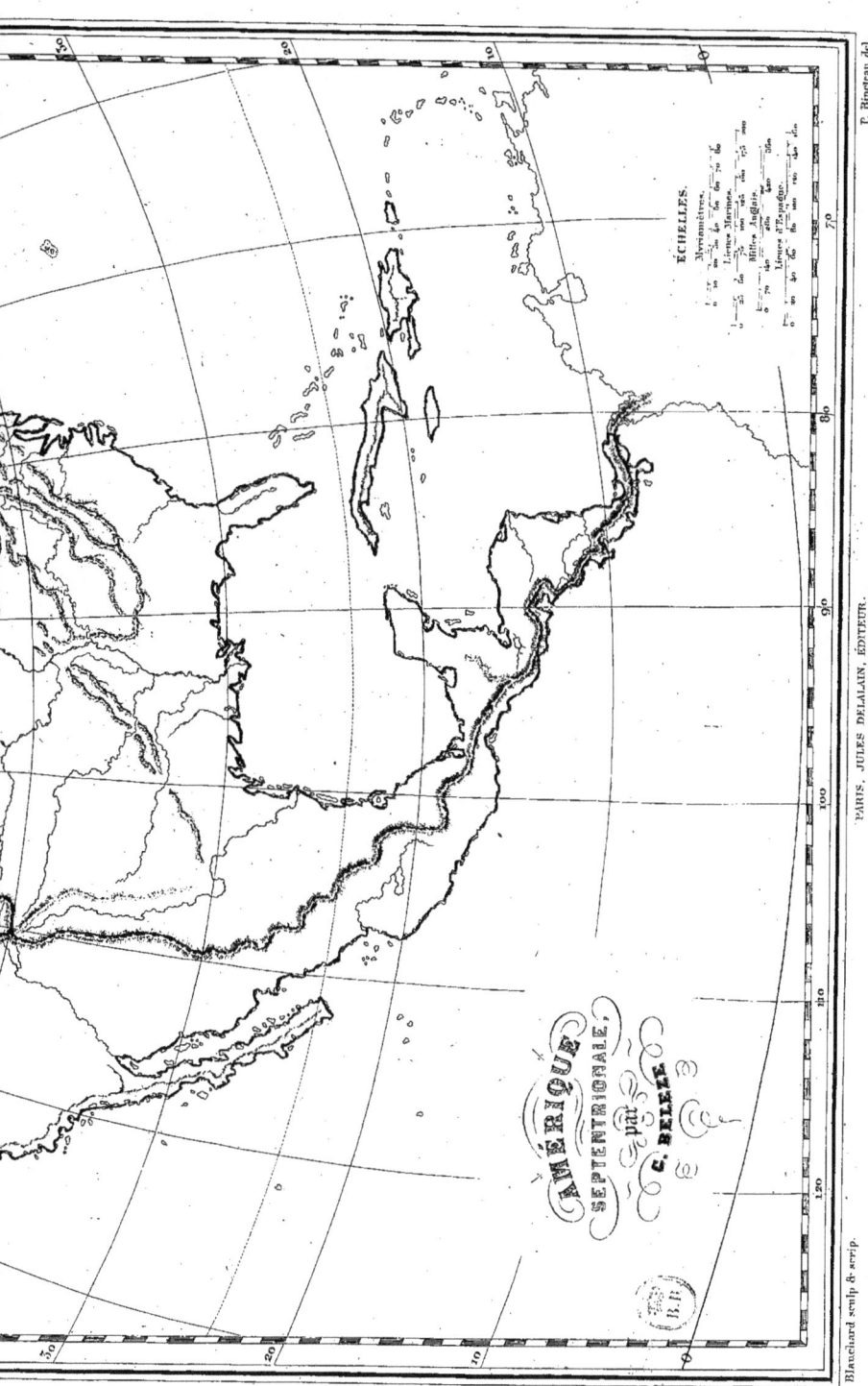

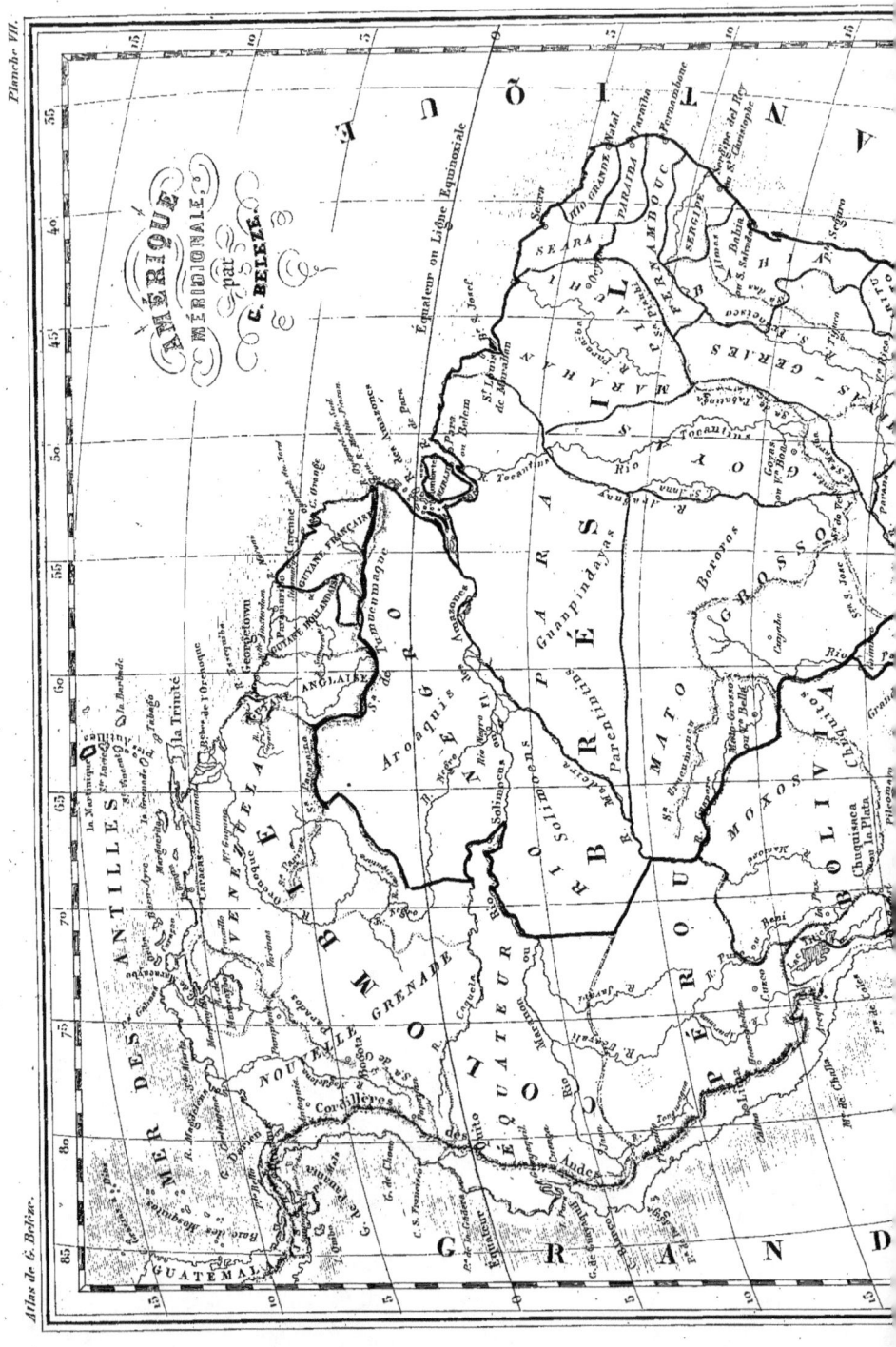

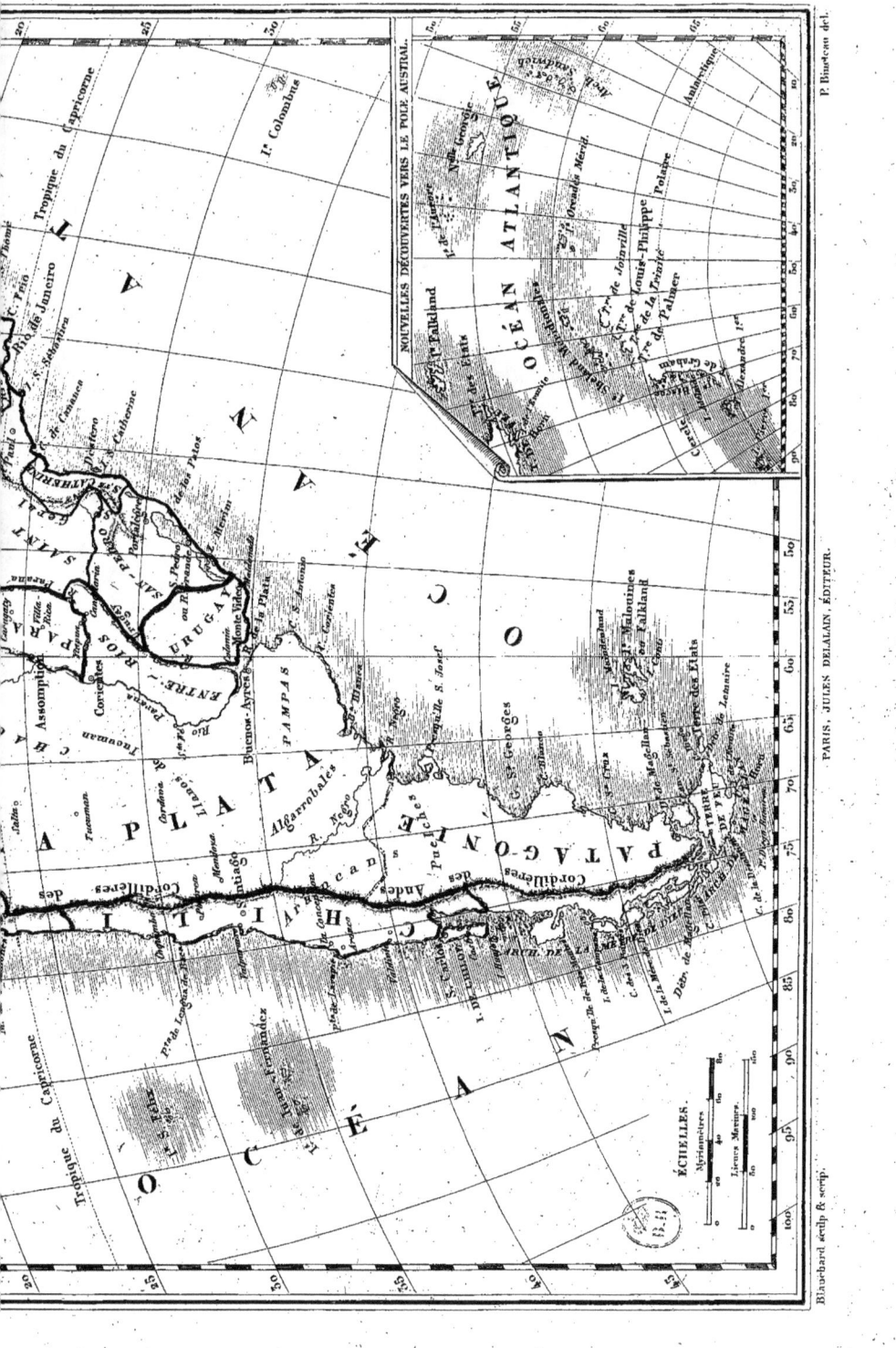

Planche VII.

AMÉRIQUE MÉRIDIONALE, par G. BELÈZE

Atlas de G. Belèze.

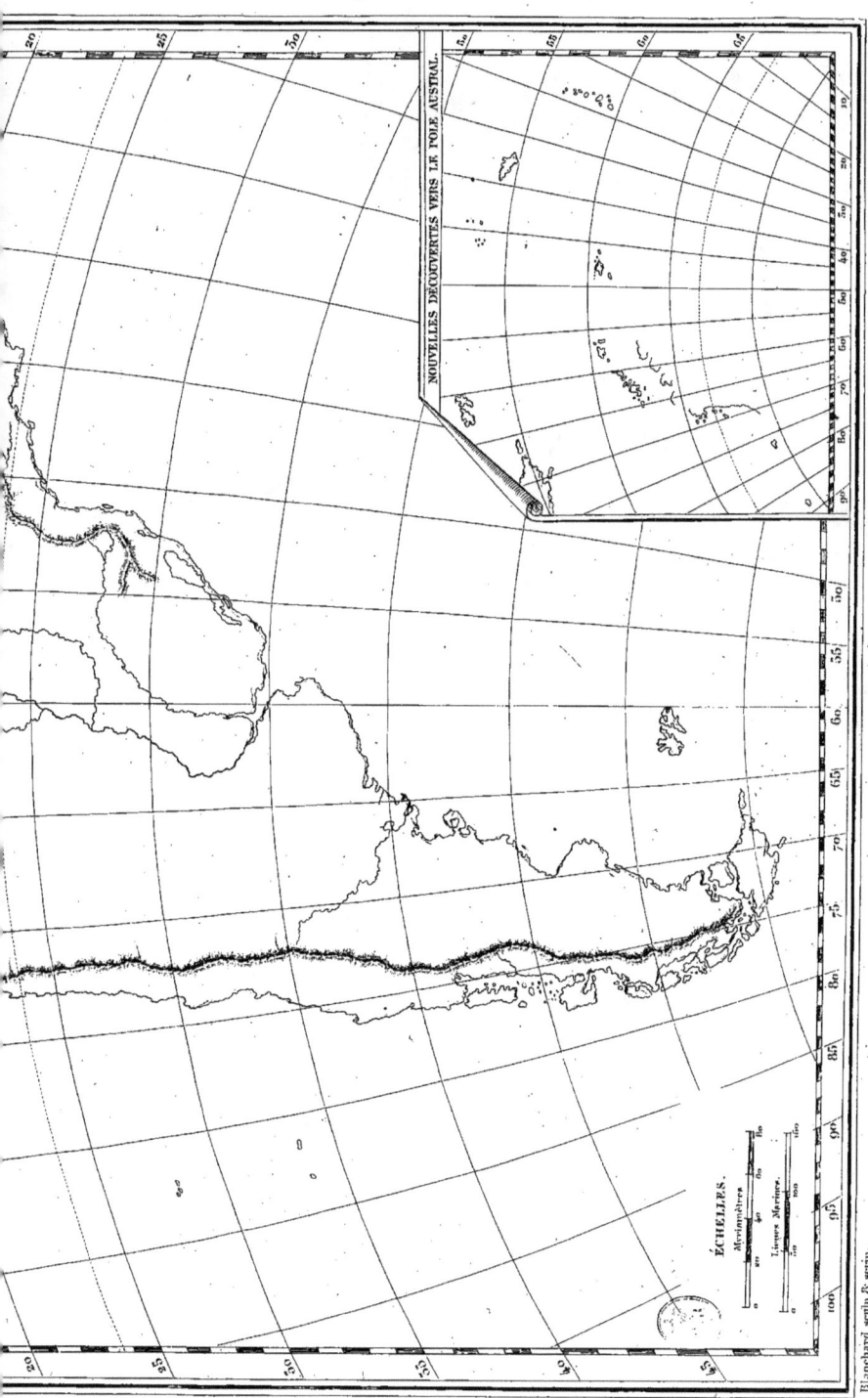

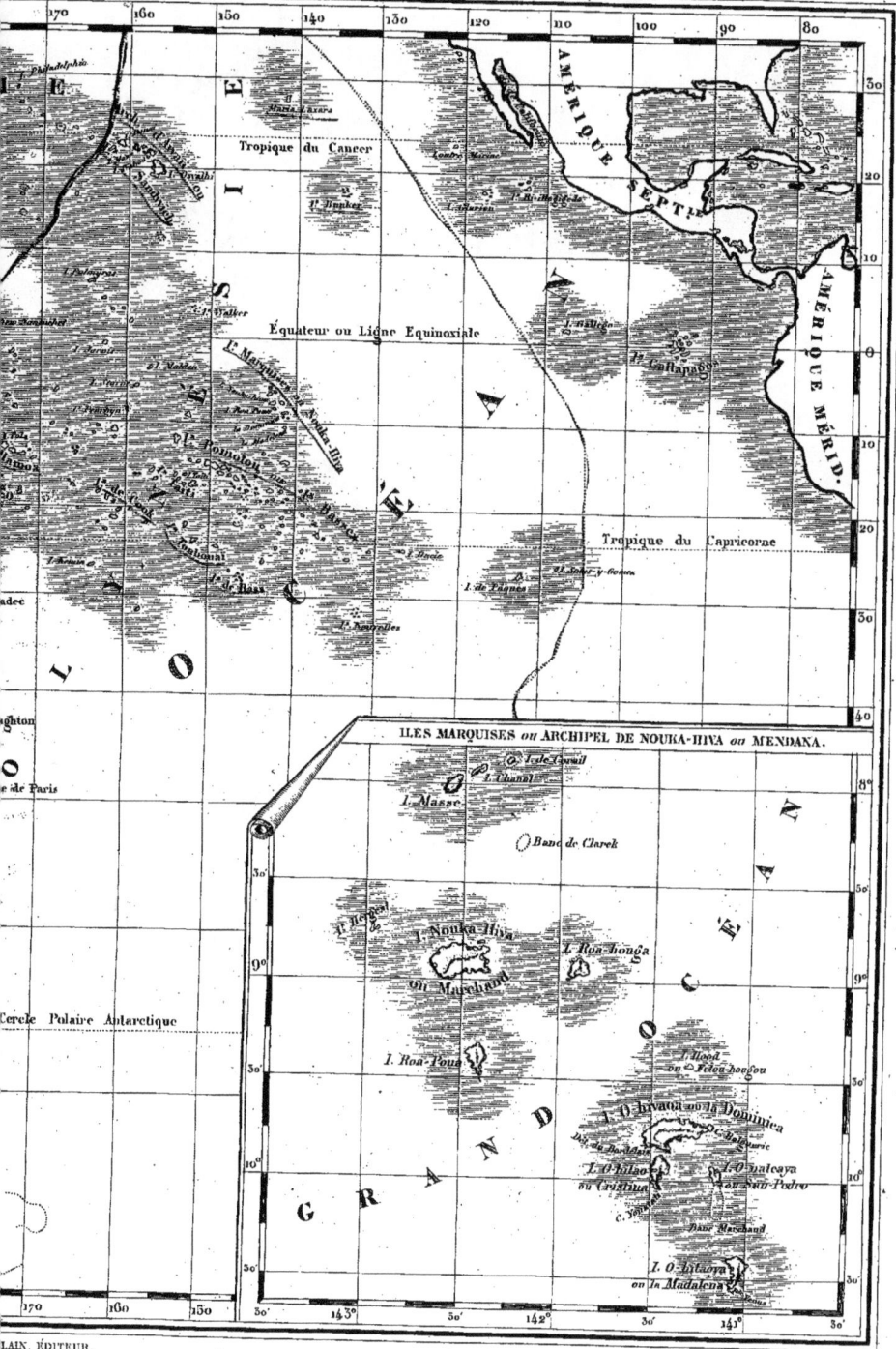

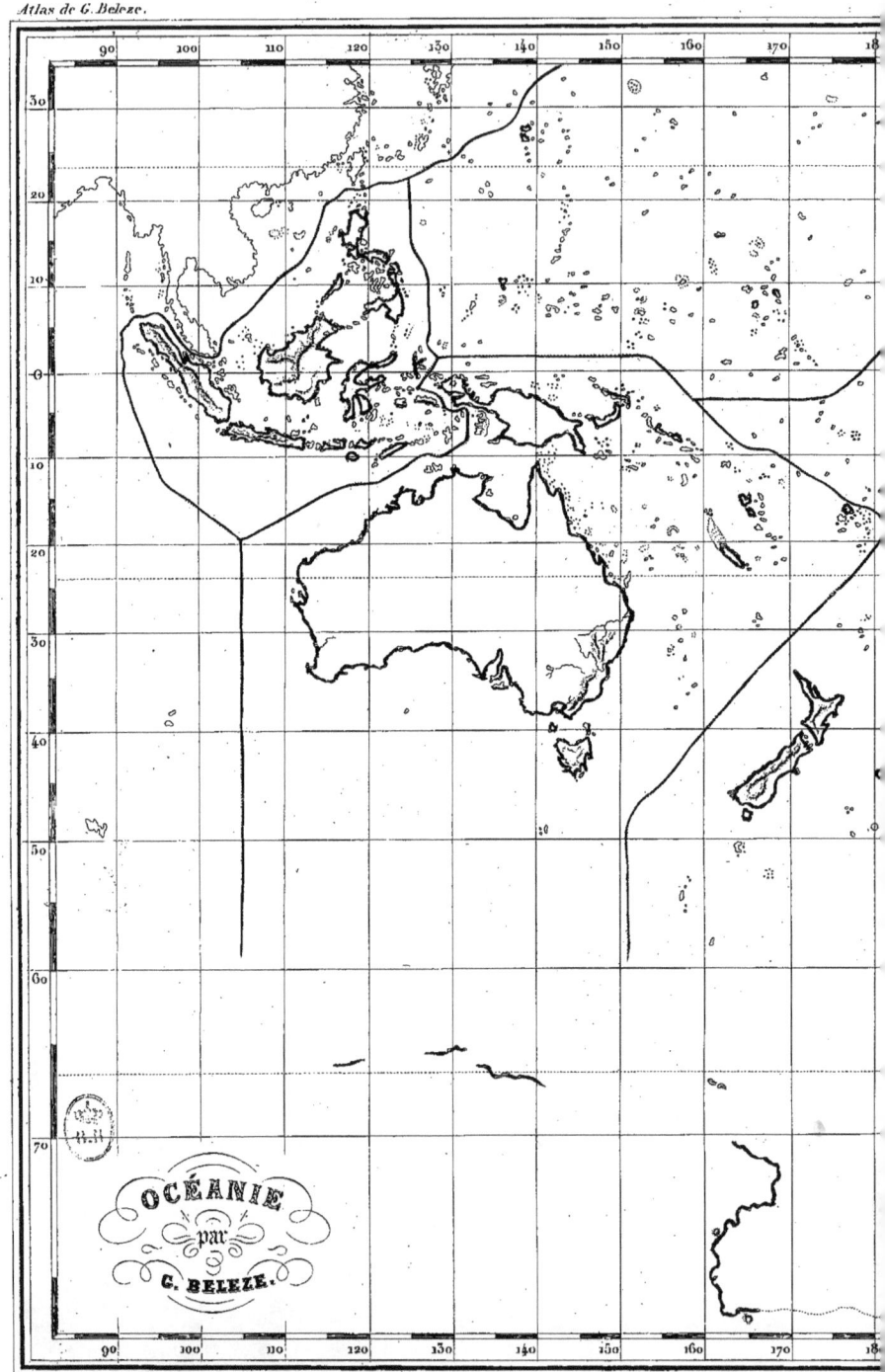

Planche VIII.

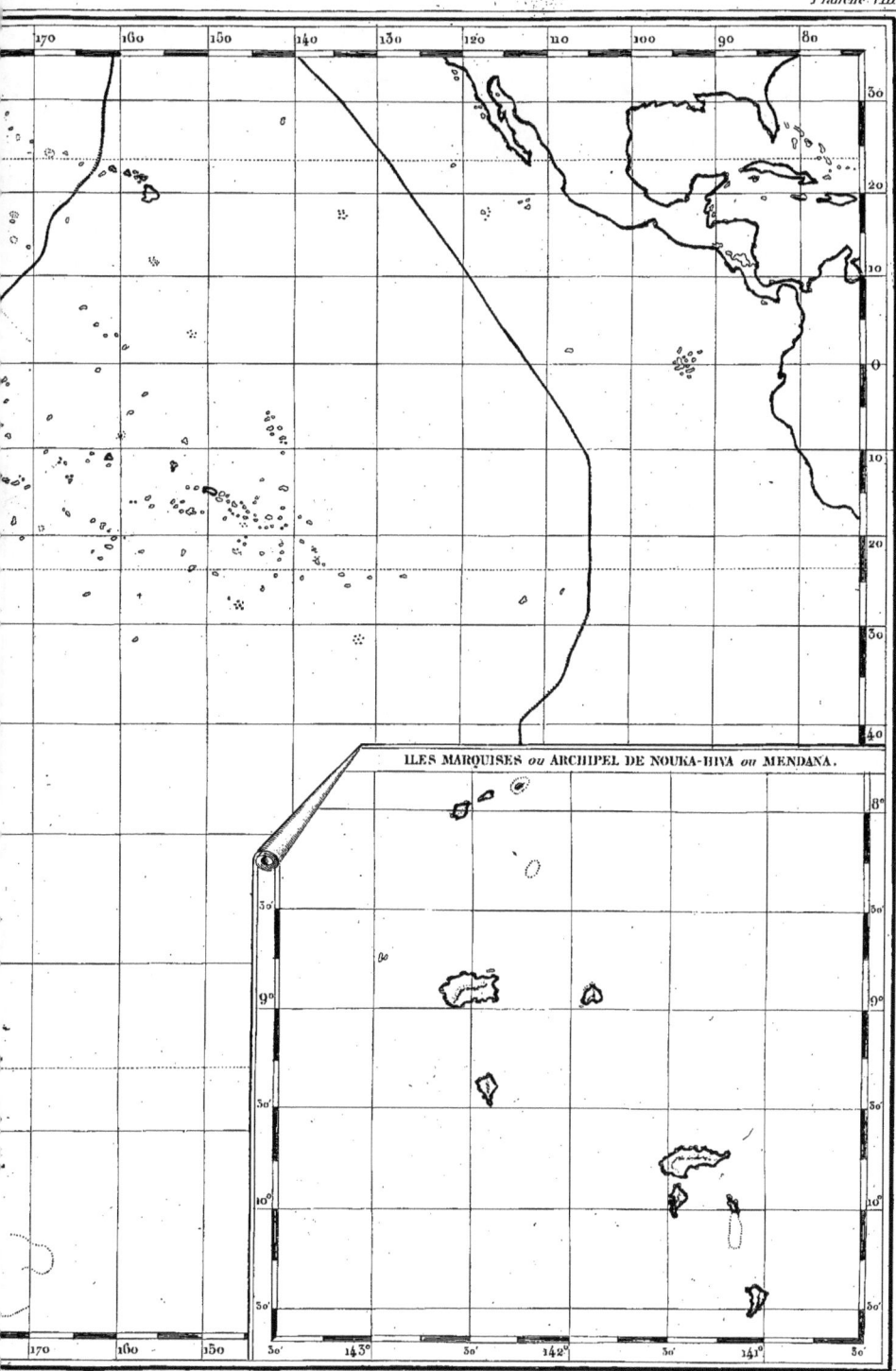

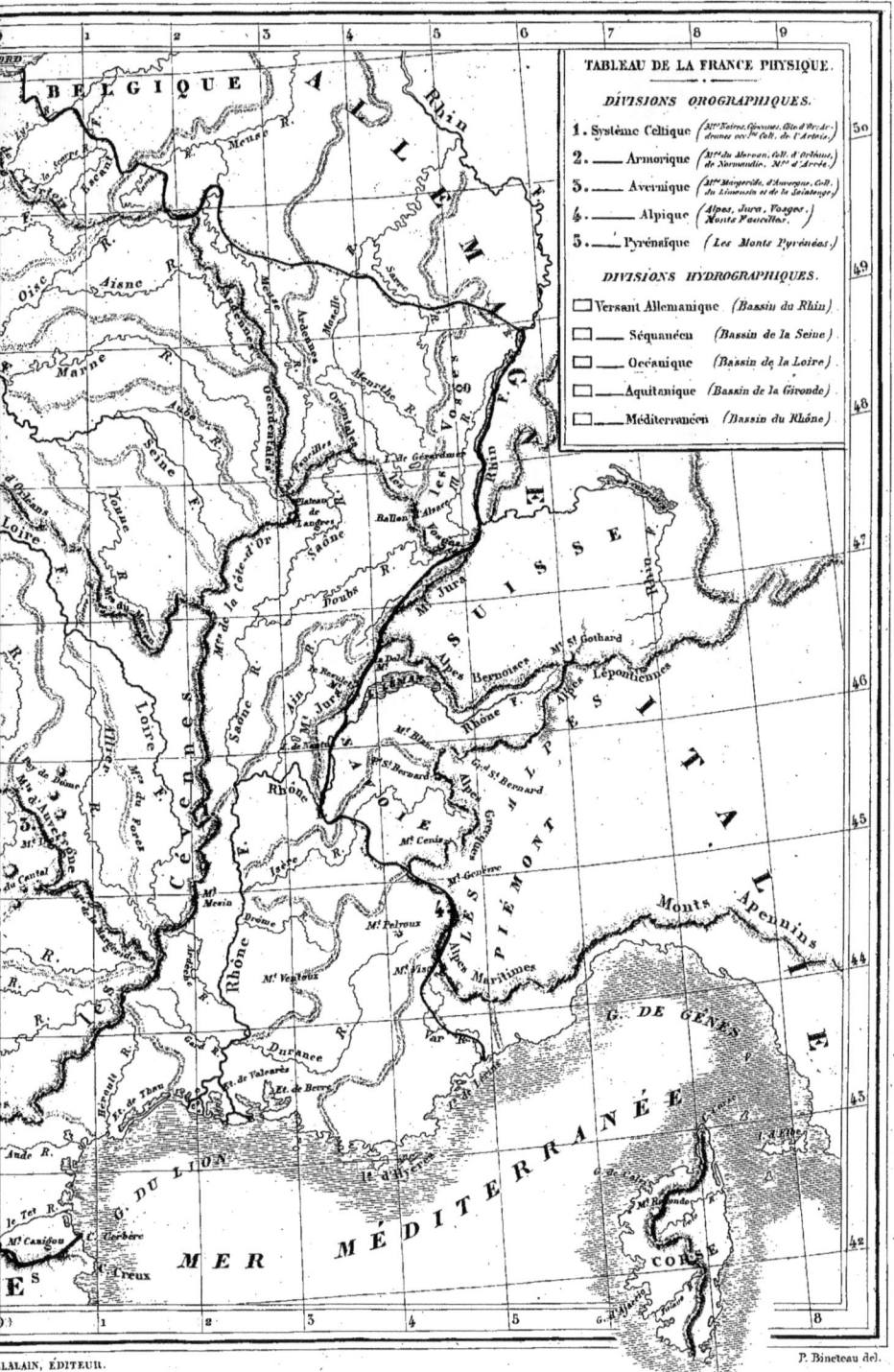

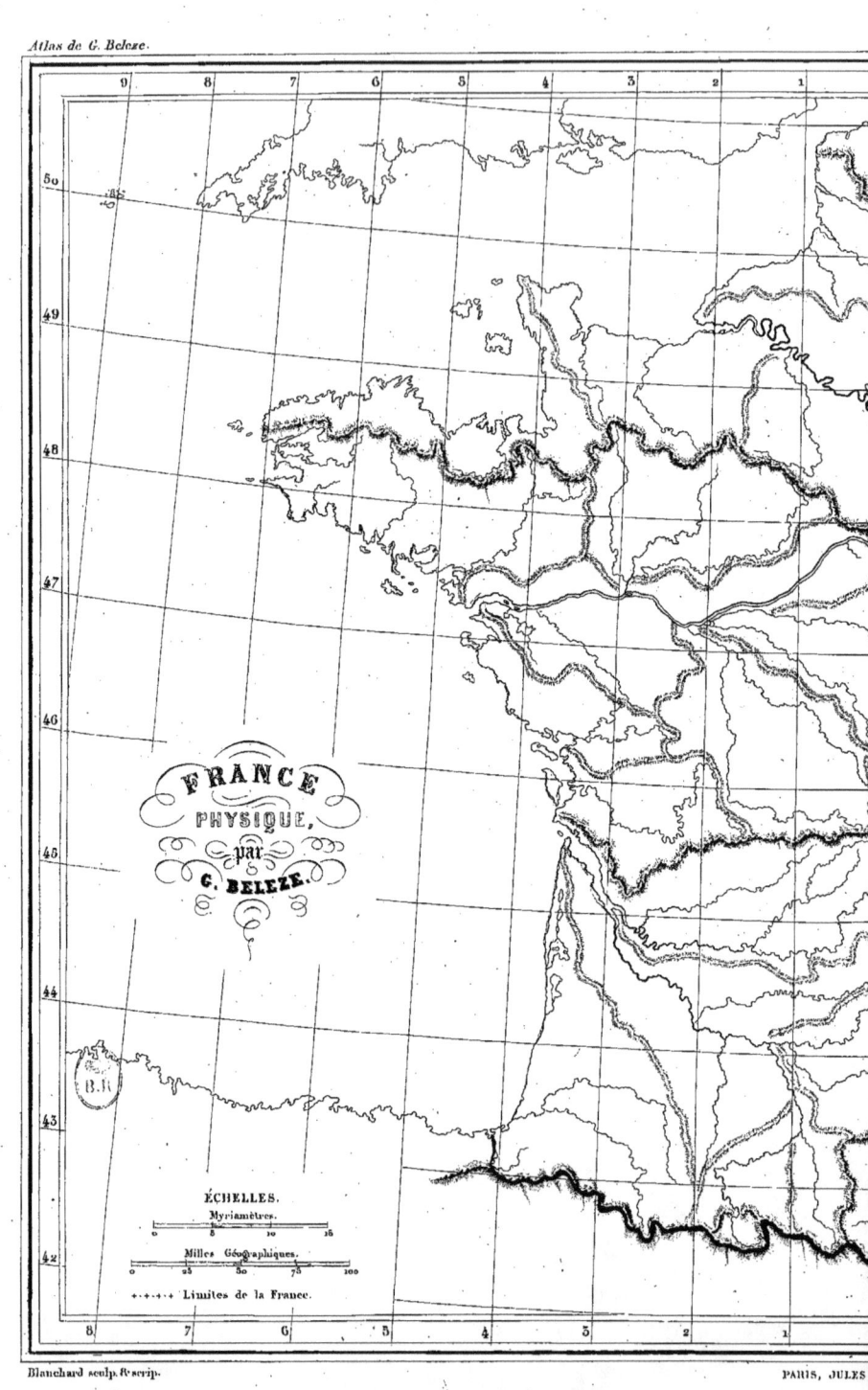

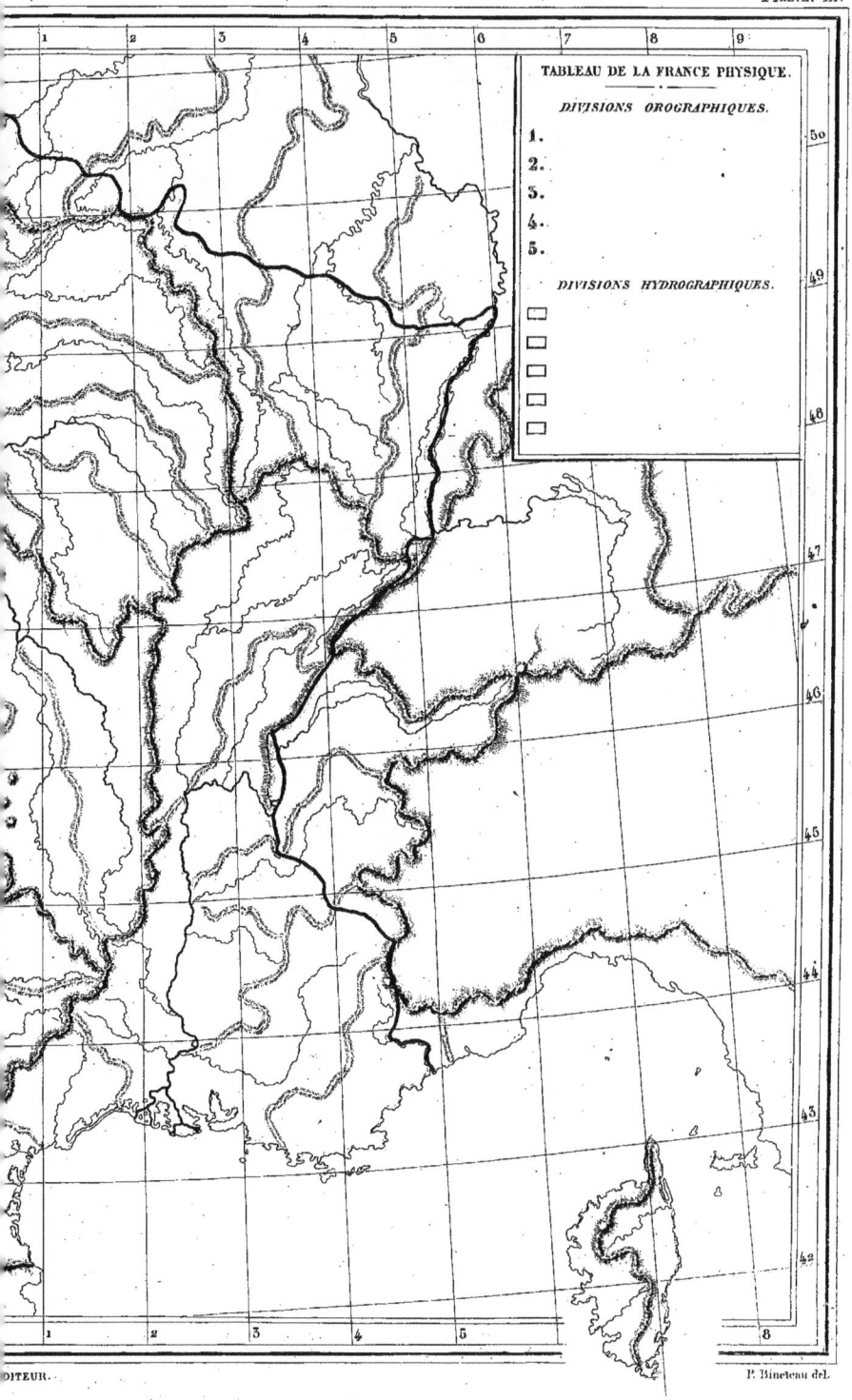

FRANCE
POLITIQUE.
par
G. BELÈZE.

ÉCHELLES.
Kilomètres.
Myriamètres.

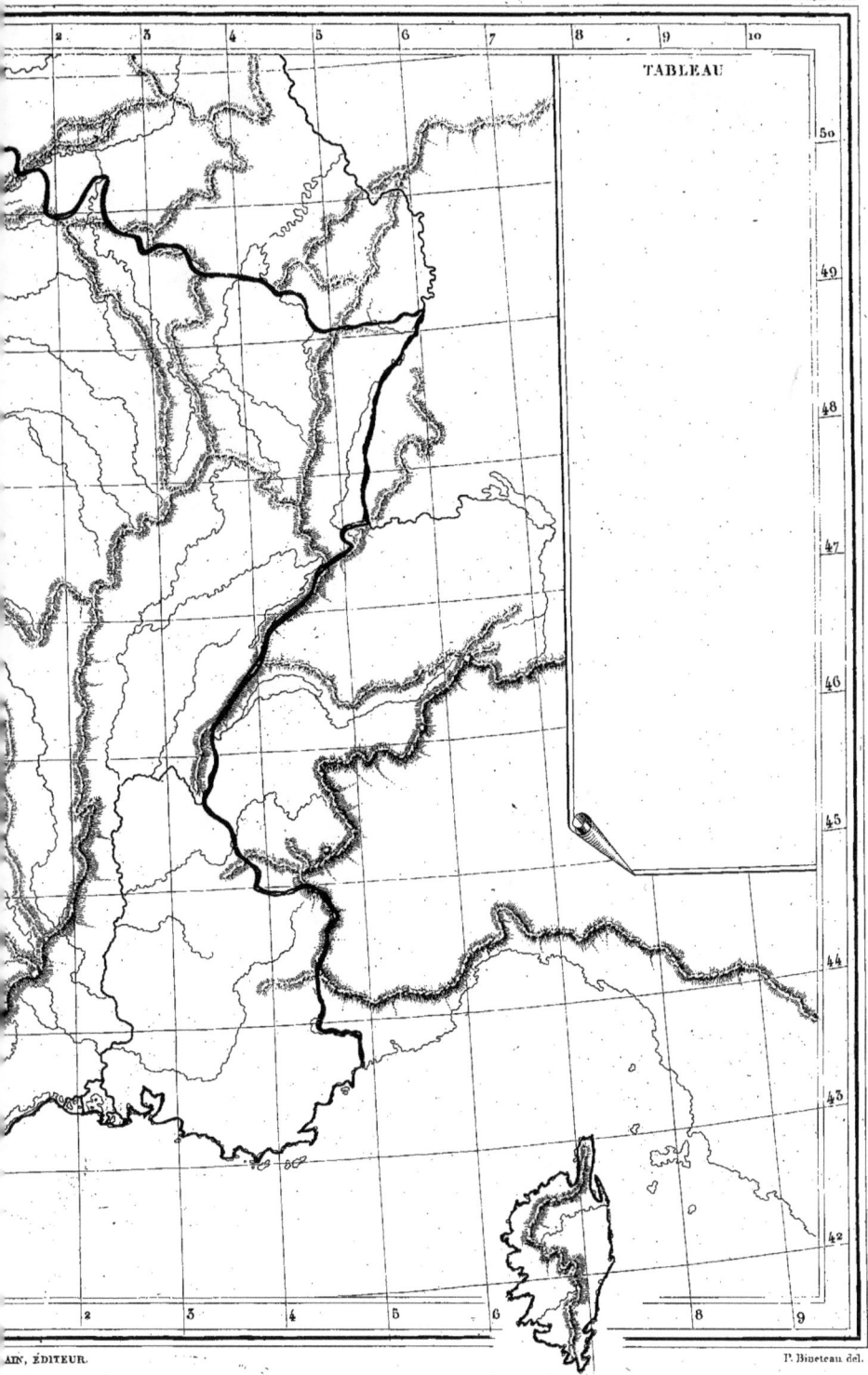

www.ingramcontent.com/pod-product-compliance
Lightning Source LLC
Chambersburg PA
CBHW070314100426
42743CB00011B/2450